フランス人はこう話す！

~ 動物、身体部位、数字が生きるフランス語表現 ~

Cécile Morel

早美出版社

Tous mes remerciements à Kiyoko Kobayashi pour son précieux soutien, ainsi qu'à ma nièce Anaïs Bernard pour ses illustrations pleines d'humour.

Kyoto 2018

まえがき

　本書ではフランス人が日常会話の中でよく使う表現を紹介する。その中で、動物に出会ったり、例えに使われている身体の一部を見つけたり、数字と親しんだり出来るだろう。意味と簡単な解説を添えることで理解しやすくなる表現、そして覚えやすい表現を選ぶよう努めた。

　本書は学生の皆さん、教員の皆さん、趣味でフランス語を勉強している方々が楽しみながら使えるように工夫している。ここで早速、皆さんに覚えて頂きたい表現をひとつ紹介しよう。ゆっくりしたい時、相手にちょっと待ってもらいたい時に使える表現である。Minute papillon！この表現は 20 世紀に現れたもので、誕生したきっかけにまつわる解説は二つあるが、面白いのは 1930 年に喫茶店のウェータをしていた方のあだ名から生まれた、とするものだ。Papillon というあだ名の彼は、お客さんに呼ばれると Minute, j'arrive（すぐ行く！）と常に答えていた。その喫茶店によく通っていた記者が彼のことを Minute papillon と呼ぶことになったところからこの表現は生まれた、というのである。

Bonne lecture !

Cécile Morel

Table des matières 目次

Première partie : Les animaux　　動物 5

1. Les animaux de la ferme (8)　家畜など

　　Exercices 1~2　　練習問題 1~2

2. Les oiseaux (8)　　　　　　　鳥など

　　Exercices 1~2　　練習問題 1~2

3. Les insectes (10)　　　　　　虫など

　　Exercices 1~2　　練習問題 1~2

4. Les serpents, les singes et les animaux divers (8)　　蛇、猿、色々な動物

　　Exercices 1~2　　練習問題 1~2

5. Les animaux aquatiques (6)　水生の動物

　　Exercices 1~2　　練習問題 1~2

Deuxième partie : Le corps　　身体 65

6. Les pieds, le nez , les mains, les doigts (12)　足、鼻、手、指など

　　Exercices 1~2　　練習問題 1~2

7. La tête, les cheveux, les poils, le coeur, les dents, la langue (8)

　　　　　　　　　　　　頭、髪の毛、毛、心、歯、舌など

　　Exercices 1~2　　練習問題 1~2

コラム 94

Troisième partie : Les chiffres　　数字 95

8. Les chiffres deux et quatre (12)　２と４の数字

　　Exercices 1~2　　練習問題 1~2

9. Les chiffres divers (8)　　　　　色々な数字

　　Exercices 1~2　　練習問題 1~2

Quizz 124

解答 130

Première partie

Les animaux

動物

1. Les animaux de la ferme
家畜など

> **1** beugler comme un âne
>
> **un âne** : ロバ
>
> 意味：怒鳴る、大声でわめく。
> 解説：ロバの鳴き声は遠くから聞こえるというところからこの表現が生まれた。

Conversation 1

Jean : Tu as l'air bien fatigué.
Émile : Hier soir, mon voisin beuglait comme un â___, j'ai très mal dormi.
Jean : Encore ! Tu sais pourquoi.
Émile : Je ne sais pas, mais à mon avis, il s'est encore disputé avec sa femme.
Jean : Alors, tu déménages ou tu attends qu'ils divorcent !
Émile : Oui, je vais y penser.

日本語訳 → p.16

2 être doux comme un agneau

un agneau : 子羊

意味：子羊のようにおとなしい、優しい。
解説：子羊は暴れたり、元気よく走り回ったりするというイメージはないところからこの表現が生まれた。

Conversation 2

Jean : Je viens de finir un livre intéressant. Tu veux que je te raconte un peu ?
Émile : Vas-y.
Jean : C'est l'histoire d'un homme doux comme un a____ qui mène une vie difficile.
Émile : En quoi c'est intéressant ?
Jean : Tu ne veux pas connaître la suite ?
Émile : Non, merci. Ça va.

日本語訳 → p.16

1. Les animaux de la ferme

> **3** **Un vent à décorner les bœufs**
>
> **les bœufs** : 牛
>
> 意味：強い風が吹く。
> 解説：昔、牛の角は折られることがあった。風が角を折った後の傷口を乾かしていたと言われていたところからこの表現が生まれた。

Conversation 3

Jean　: Alors, tes vacances étaient comment ?
Émile : Mes vacances étaient horribles.
Jean　: Tu n'as pas eu beau temps ?
Émile : La première semaine, il y avait un vent à décorner les b____ presque tous les jours. On ne pouvait pas aller se baigner.
Jean　: Tu sais, les miennes n'étaient pas terribles, non plus.
Émile : Bon, l'année prochaine si on part en vacances ensemble, on aura peut-être plus de chance !

日本語訳 → p.16

4 faire un froid de canard

un canard : カモ

意味：肌を刺すような寒さである。
解説：雪が降るような寒さでもカモは泳ぐところからこの表現が生まれた。

Conversation 4

Jean　：Cette année, il fait vraiment froid, je trouve.
Émile：Mais, tu sais, il va faire de plus en plus froid d'après la météo.
Jean　：Il ne va quand même pas faire un froid de c_____ ?
Émile：C'est bien possible! Tu n'es pas assez habillé.
Jean　：Tu exagères. J'ai un t-shirt et un pantalon.
Émile：Mais par ce froid, un pull et des chaussettes ne seraient pas superflus…

日本語訳 → p.16

1. Les animaux de la ferme

 se regarder en chien de faïence

un chien : 犬

意味：にらみ合う。

解説：昔、暖炉の上に置物をよく置いたりしていた。時々、置いた二匹の犬がお互いをにらんでいるように見えていたとことろからこの表現が生まれた。

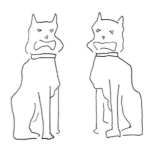

Conversation 5

Jean : Pourquoi ils se regardent en c___ de faïence, tes amis ?

Émile : Ils devaient partir ensemble en vacances, mais cela ne s'est pas fait.

Jean : Qu'est-ce qui se passé ?

Émile : Je ne sais pas, mais je crois que l'invitation à partir ensemble était un mauvais canular.

日本語訳 → p.17

manger comme un cochon

un cochon : 豚

意味：がつがつ汚らしく食べる。
解説：豚は実際は汚い動物ではないが、警戒しながら食べるため、やかましく音をたてるという習慣がある。ここから、この表現が生まれた。

Conversation 6

Jean　：L'autre jour, je suis allé dîner avec des amis.
　　　　C'était incroyable.
　　　　Nos voisins de table mangeaient comme des c＿＿＿ .
Émile：Pourquoi, vous n'avez pas changé de restaurant ?
Jean　：On venait tout juste de commencer à manger.

日本語訳 → p.17

1. Les animaux de la ferme

 être le dindon de la farce

le dindon : 七面鳥の雄

意味：だまされる、皆の笑い者になる。
解説：19世紀に活躍した劇作家フェドーの『Le Dindon（ル・ダンドン』
　　　(1896) という芝居によってこの表現が普及した。

Conversation 7

Jean　：Au fait, tes amis, ils se sont réconciliés ?
Émile：Oui, finalement celui qui a été le d_____ de la farce,
　　　　n'est plus fâché.
Jean　：Tout est bien qui finit bien.

日本語訳 → p.17

> **8** pleuvoir comme vache qui pisse
>
> **une vache** : 雌牛
>
> 意味：どしゃ降りである。
> 解説：この表現は « pleurer comme une vache » 雌牛のように泣くという表現から来ていると言われている。

Conversation 8

Jean : Alors ton week-end , c'était comment ?
Émile : Il a plu comme v_____ qui pisse pendant 2 jours consécutifs.
Jean : Tu es resté à l'hôtel ?
Émile : Non, non j'ai fait du tourisme en bus.

日本語訳 → p.17

Exercices 1

練習問題１：次の表現を完成させてみましょう。

1. pleuvoir comme (　　　　　) qui pisse.

2. beugler comme un (　　　　).

3. être le (　　　　) de la farce.

4. un vent à décorner les (　　　　).

5. se regarder en (　　　　) de faïence.

6. être doux comme un (　　　　).

7. faire un froid de (　　　　).

8. manger comme un (　　　　).

練習問題２：フランス語に訳してみましょう。

1. 彼はいつもがつがつ汚らしく食べている。

   _____

2. 今日は肌を刺すような寒さだ。

   _____

3. 父は優いしい人だ。

   _____

4. 彼らはよくにらみ合っている。

   _____

5. 昨日隣の人が怒鳴っていた。

   _____

6. この映画の主人公はよく皆の笑い者になる。

   _____

7. 台風が来ると強い風が吹く。

   _____

8. 梅雨の時、どしゃ降りになることはある。

   _____

● 参考訳 1 ●

Conversation 1

Jean　：かなり疲れた感じだね。

Émile　：昨日隣の人が怒鳴っていてあまりよく眠れなかったんだ。

Jean　：また！何かあったの？

Émile　：よく分からないけど、おそらくまた奥さんと口喧嘩になったみたい。

Jean　：引っ越しするか、彼らが離婚するまで待つか！

Émile　：考えてみる。

Conversation 2

Jean　：面白い本を読み終わったところだ。ちょっとあらすじを聞いてくれる？

Émile　：うん、いいよ。

Jean　：悲惨な生活を送る優しい人の話なんだ。

Émile　：何が面白いの。

Jean　：もうちょっと聞く？

Émile　：いやあ、もう結構だ。

Conversation 3

Jean　：夏休みはどうだったの？

Émile　：災厄だった。

Jean　：天気が悪かったの？

Émile　：一週目はほとんど毎日強い風が吹いていて、全然泳げななかったんだ。

Jean　：私もあまりよくなかった。

Émile　：じゃ、来年一緒にヴァカンスを過ごすなら、ちょっといいことがあるのかな。

Conversation 4

Jean　：今年は本当に寒いと思うわ。

Émile　：天気予報によれば、これからもっと寒くなるらしいよ。

Jean　：肌を刺すような寒さになるということ？

Émile　：そうかもね！ちょっと薄着なんじゃないの？

Jean　：大げさだね。ちゃんとＴシャツとズボンを着てるし。

Émile　：この寒さなら、プルオーバーと靴下も要るとは思うけど...。

Conversation 5

Jean　　：あの二人はなぜにらみ合っているの？
Émile　：一緒にバカンスに行くつもりだったが行かなかったらしい。
Jean　　：何があったの？
Émile　：よく分からないけど一人が一緒に行こうと言ったのにそれが本気ではなかっ
　　　　　たらしいのよ。

Conversation 6

Jean　　：この間、友達と食べに行ったんだけど、信じられないことが起きたんだ。
　　　　　隣の席の人たち々々はがつがつ汚らしく食べていたよ。
Émile　：なぜ違う店に行かなかったの？
Jean　　：もう食べ始めていたし...

Conversation 7

Jean　　：エミルの友達たちは仲直りできたの？
Émile　：だまされた方はもう怒っていないって。
Jean　　：じゃ、ハッピーエンドだね。

Conversation 8

Jean　　：週末はどうだったの？
Émile　：２日間連続で どしゃ降りだったのよ。
Jean　　：ずっとホテルにいたの？
Émile　：バスで観光地を回ったよ。

2. Les oiseaux

鳥など

1 se prendre le bec

le bec : くちばし

意味：口喧嘩する。
解説：喧嘩している鳥のイメージからこの表現が生まれた。

Conversation 1

Jean　: Ça n'a pas l'air d'aller fort ?
Émile : Je pensais aller au cinéma avec Marie, mais elle n'est pas venue.
Jean　: Comment cela se fait ?
Émile : On s'est encore pris le b____ .

日本語訳 → p.28

2 avoir une tête de linotte

une linotte : 胸赤鶸（ムネアカヒワ鳥）

意味：うっかり者
解説：昔から鳥をうっかりする鳥と考えていることからこの表現が生まれた。うっかりしている人に対して使われるようになった。

Conversation 2

Jean : Ah, j'ai encore oublié mon parapluie dans le train ! Mais pourquoi ris-tu ? Ce n'est pas drôle !!!
Émile : Je ris parce que c'est la troisième fois, cette semaine !
Jean : Oui, c'est vrai !
Émile : Tu as vraiment une tête de l____ ...
Jean : Bon d'accord, mais cela peut arriver à tout le monde.
Émile : Oui, mais fais un peu attention quand même.

日本語訳 → p.28

2. Les oiseaux

③ donner des noms d'oiseaux à quelqu'un

un oiseau : 鳥

意味：侮辱する。
解説：鳥あるいは鳥の名前を扱う表現は基本的には軽蔑的な意味合いを持つ。

Conversation 3

Jean : J'ai été invitée chez des amis hier.

Émile : Tu as passé une bonne soirée ?

Jean : Non pas vraiment, en fin de soirée, certains invités avaient trop bu et se donnaient des noms d'_____ .

Jean : Ce n'est pas de chance !

Émile : Oui, c'est le cas de le dire !

日本語訳 → p.28

4 avoir un appétit d'oiseau

un oiseau : 鳥

意味：わずかな食欲、食が細い。
解説：雀のイメージからこの表現が生まれた。

Conversation 4

Jean　：Ah, j'ai vraiment faim aujourd'hui !
Émile：Pour quelqu'un qui a un appétit d'_____ d'habitude, c'est surprenant.
Jean　：Mais voilà, il m'arrive d'avoir faim.
Émile：Bon qu'est-ce que tu prends ?
Jean　：Je vais prendre le menu C. Et toi ?
Émile：Moi, le menu A me suffira.

日本語訳 → p.28

2. Les oiseaux

 avoir la chair de poule

une poule : 雌鳥

意味：鳥肌がたつ。
解説：鳥の羽をむしると赤いぷつぷつができるというところからこの
　　　表現が生まれた。

Conversation 5

Jean : Je n'aurai pas dû t'accompagner. Ce film me fait vraiment peur.
Émile : Mais, le film vient juste de commencer…
Jean : Regarde, j'ai déjà la chair de p____ .

日本語訳 → p.29

être une poule mouillée

une poule : 雌鳥

意味：臆病者、怖がり。
解説：この表現の由来は分からないが雌鳥は雨にぬれるのも怖がるというところからうまれたと考えられる。

Conversation 6

Émile : Tu ne veux pas rester ?

Jean : Si, je vais rester. Je n'ai pas envie que tu dises à tous nos amis que je suis une p____ m____ .

Émile : Je ne voudrais pas être méchant, mais je crois que tout le monde le sait déjà.

日本語訳 → p.29

2. Les oiseaux

 quand les poules auront des dents

les poules : 鶏

意味：（いつか鶏には歯が生えることがあるかも知れない）決して（...ない）

解説：動物（生き物）は進化し続けるというところからこの表現が生まれた。

Conversation 7

Jean : Mon voisin s'est encore plaint du bruit.

Émile : Qu'est-ce que tu faisais?

Jean : Je passais l'aspirateur.

Émile : Le bruit de l'aspirateur l'indispose? On aura tout vu. Il parle seulement pour se plaindre alors.

Jean : Oui, je pense qu'il arrêtera de se plaindre quand les p___ auront des dents!

日本語訳 → p.29

8 chanter comme un rossignol

un rossignol : ナイチンゲール
　　　　　　　（サヨナキドリ）

意味：大変上手に歌うこと。
解説：鳥は調子外れの声では鳴かないことからこの表現が生まれた。

Conversation 8

Jean : J'ai un ami sans le sou qui a réussi à convaincre le restaurateur de le laisser chanter en échange de son repas.

Émile : Comment a-t-il réussi à le convaincre ?

Jean : Il a prétendu qu'il pouvait chanter comme un r_____ .

Émile : Et qu'est-ce qui s'est passé ?

Jean : Il chantait tellement faux que le restaurateur lui a demandé de ne plus revenir et lui a fait cadeau du repas.

Émile : Elle est bonne, celle-là.

日本語訳 → p.29

Exercices 2

練習問題１：次の表現を完成させてみましょう。

1. avoir la chair de (　　　　　).

2. se prendre le (　　　　　).

3. chanter comme un (　　　　　).

4. avoir une tête de (　　　　　).

5. donner des noms d' (　　　　　) à quelqu'un.

6. être une (　　　　　) mouillée.

7. avoir un appétit d'(　　　　　).

8. quand les (　　　　　) auront des dents.

練習問題２：フランス語に訳してみましょう。

1. 彼女はうっかり者だ。

　　_____

2. ホラー映画を見ると彼は鳥肌がたっている。

　　_____

3. 大変上手に歌うことができないのは残念だ。

　　_____

4. 彼は決して大統領になることはないと思う。

　　_____

5. 彼らは人を侮辱するのは面白くないと思っている。

　　_____

6. 臆病者はＴ大統領のような人？

　　_____

7. 親はあまり喧嘩しない。

　　_____

8. 内の猫が食は細い。

　　_____

● 参考訳 2 ●

Conversation 1

Jean　　：あまり元気なさそう？
Émile　 ：マリーと映画を見に行こうと思っていたけど来なかった。
Jean　　：どうしてなの？
Émile　 ：また喧嘩してしまったのよ。

Conversation 2

Jean　　：電車の中でまた傘を忘れた！どうして笑っているの？
　　　　　笑えないよ！！！
Émile　 ：今週3回目だから笑っているのよ。
Jean　　：それはそうだけど！
Émile　 ：うっかり者だね。
Jean　　：そうなんだけど、誰にだってそんなことはあるよね。
Émile　 ：そうね。でもやっぱり気をつけた方がいいよ。

Conversation 3

Jean　　：昨日友達の家に呼ばれたんだ。
Émile　 ：楽しかった？
Jean　　：それほどでもない。ちょっと遅くなってから、飲み過ぎていた何人かはお互
　　　　　いに侮辱し始めてね。
Émile　 ：それは大変だったね。
Jean　　：　そうなのよ。

Conversation 4

Jean　　：今日は 本当におなかがすいているんだ。
Émile　 ：珍しいね。普段食が細いのに。
Jean　　：そうだけど、お腹がすくこともあるよ。
Émile　 ：じゃ、何にするの？
Jean　　：メニューCにする。何にする？
Émile　 ：私はメニューAで十分。

Conversation 5

Jean　　：一緒に来なければよかった。この映画は本当に怖いわ。
Émile　 ：ええ、まだ始まったばかりだけど...
Jean　　：ほらみて、鳥肌がたってるよ。

Conversation 6

Émile　 ：もう帰る？
Jean　　：いや、一緒に見るよ。みんなに私が恐がりだって思われたくないし...。
Émile　 ：まあ僕は意地悪するつもりないけど、もうすでに皆分かってると思うよ。

Conversation 7

Jean　　：隣の人にまた音がうるさいとまた言われたのよ。
Émile　 ：何をしていたの？
Jean　　：掃除機をかけていただけなのに。
Émile　 ：掃除機の音が気になるの？信じられないね。　文句を言いたい時だけしゃべる
　　　　　わけか。
Jean　　：文句は決して言わなくならないと思うけど。

Conversation 8

Jean　　：お金に困っている友達は食事の代わりに歌を歌わせてくれとレストランの主
　　　　　人を説得しようとしたらしくて...。
Émile　 ：どうやって説得したの？
Jean　　：大変上手に歌えると言い張ったんだって。
Émile　 ：それでどうなったの？
Jean　　：それが歌があまりにも下手だったからレストランの主人は食事代をプレゼン
　　　　　トして、もう二度とこないでくれと頼んだんだって。
Emile　 ：それは面白い話だね!!!

3. Les insectes
虫など

---

1 **s'activer comme une abeille**

une abeille : ミツバチ

意味：ミツバチのようによく働くこと。
解説：ミツバチは働きばちとしても知られているところからこの表現
　　　が生まれた。

Conversation 1

Jean　：Tu connais l'expression " s'activer comme une a_____. " ?

Émile：Oui, mais je ne suis pas sûr de bien comprendre le sens.

Jean　：Imagine une ruche pleine d'abeilles. Elles travaillent en permanence.

Émile：Ah, oui je vois. On parle donc de quelqu'un qui travaille beaucoup.

日本語訳 → p.42

② chercher la petite bête

la petite bête : 動物、虫

意味：あら探しをする。
解説：猿は相手への心づかいや思いやりで、毛つくろいしているが猿
　　　と人間の行動は正反対だ。

Conversation 2

Jean　: Ce film était vraiment impressionnant !

Émile : C'est vrai, je crois que je vais m'en souvenir longtemps !

Jean　: Ce réalisateur a vraiment beaucoup de talent.

Émile : Parfois, il cherche un peu trop la petite b_____ .

Jean　: Qu'est-ce qui te fait dire cela ?

Émile : Je trouve qu'il y a un peu trop de détails.

Jean　: Moi au contraire, j'aime bien.

日本語訳 → p.42

3. Les insectes

3 avoir le cafard

un cafard : ゴキブリ

意味：ふさいでいる。落ち込んでいる。
解説：悲しさなどを表す時よく虫あるいはゴキブリの名前が使われる。

Conversation 3

Jean　: J'ai l'impression que ton ami ne va pas très bien.
Émile : Sa copine l'a laissé. Il a le c____.
Jean　: Maintenant, je comprends mieux pourquoi il ne parle pas trop.
Émile : D'habitude, il n'est pas comme cela.

日本語訳 → p.42

4 avoir des fourmis dans les jambes

des fourmis : アリ

意味：足がしびれる。
解説：足の中にアリがたくさん走っているような感覚を覚えることからこの表現が生まれた。

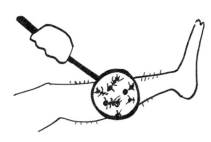

Conversation 4

Jean : Qu'est-ce que tu as ? Ça ne va pas ?
Émile : Je ne peux pas me lever. J'ai des f_____ dans les jambes .
Jean : Attends, je vais t'aider.
Émile : Merci, ça va mieux

日本語訳 → p.42

3. Les insectes

 se fourrer dans un guêpier

un guêpier : スズメバチの巣

意味：窮地に陥る。
解説：スズメバチは大きな巣を作って大勢で生活していて、巣を必死に
　　　守っているところからこの表現が生まれた。

Conversation 5

Jean　：J'ai lu une drôle d'histoire dans le journal.

Émile：Raconte !

Jean　：C'est l'histoire d'un homme qui s'est fourré dans un g____ parce qu'il a gagné au loto. Il s'en est trop vanté et finalement il a dû déménager.

Émile：Si je gagne au loto, je n'en parlerai pas…

日本語訳 → p.42

prendre la mouche

une mouche : ハエ

意味：怒る、腹を立てる。
解説：ハエが止まるとすぐに反応するところからこの表現が生まれた。

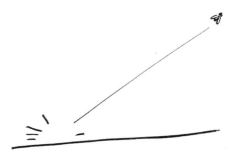

Conversation 6

Jean : J'ai l'impression que ton frère est fâché.
Émile : Ne t'en fais pas, il prend la m_____ pour rien. Je lui ai dit qu'il ne peut pas sortir avec nous ce soir.
Émile : Et pourquoi ?
Jean : Simplement parce que je n'en ai pas envie.

日本語訳 → p.43

3. Les insectes

 être excité comme une puce

une puce : ノミ

意味：落ち着きのない人、興奮したひと。
解説：ノミは脅かされた状態になると興奮して捕まえにくくなるというイメージからこの表現が生まれた。

Conversation 7

Jean　: Qu'est-ce qui t'arrive ? Je te trouve bien excité…
Émile : Oui, je suis excité comme une p…….. J'ai un rendez-vous.
Jean　: Avec qui ? Tu ne veux pas me le dire ?
Émile : Non, pas aujourd'hui.

日本語訳 → p.43

8 être vexé comme un pou

un pou : シラミ

意味：非常に気を悪くする。

解説：この表現の始まりは "vexé comme un pouil" である。中世フランス語では "pouil" というのは若い雄鶏を示していた。雄鶏は誇りを持つというイメージから "fier comme un pou" と言う表現もある。ちなみにガリアの鶏はフランスの象徴である。フランス人の誇りを持つというイメージにもぴったり。

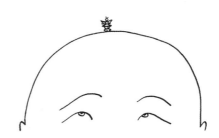

Conversation 8

Jean　：J'ai téléphoné à Marie hier.

Émile：Elle va comment ?

Jean　：Je ne sais pas trop. Je crois que je l'ai vexée comme un p_____.

Émile：Ah bon, et pourquoi ?

Jean　：Je lui ai dit qu'elle exagérait tout.

Émile：Je vois !

日本語訳 → p.43

3. Les insectes

9 se jeter sur un plat comme des sauterelles

une sauterelle : キリギリス

意味：むさぼるように食べる。
解説：アフリカなどで、キリギリスはやイナゴなどの大群が毎年畑を食べ尽くすところからこの表現が生まれた。

Conversation 9

Jean : L'autre jour, je suis allé diner avec des amis. C'était incroyable.
Nos voisins de table se jetaient sur les plats comme des s_____.

Émile : Ils n'avaient pas mangé depuis combien de temps ?

Jean : Je ne sais pas mais c'est la première fois que je voyais cela.

日本語訳 → p.43

10 être nu comme un ver

un ver : ミミズ

意味：素っ裸である。
解説：ミミズには目に見えない毛がたくさんあるが、素っ裸である感じ
　　　がするところからこの表現が生まれた。

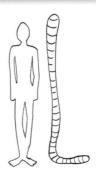

Conversation 10

Jean　: Enfant, j'aimais me promener nu comme un _____ en été.

Emile : Tu n'avais pas froid ?

Jean　: Non pas du tout. Tu ne t'es jamais promené nu comme un _____ .

Emile : Non jamais.

日本語訳 → p.43

Exercices 3

練習問題１：次の表現を完成させてみましょう。

1. avoir le (　　　　　　　).

2. se fourrer dans un (　　　　　　　).

3. s'activer comme une (　　　　　　　).

4. se jeter sur un plat comme des (　　　　　　　).

5. être nu comme un (　　　　　　　).

6. être vexé comme un (　　　　　　　).

7. avoir des (　　　　　　　) dans les jambes.

8. chercher la petite (　　　　　　　).

9. prendre la (　　　　　　　).

10. être excité comme une (　　　　　　　).

練習問題２：フランス語に訳してみましょう。

1. 長い間座っていたので、足がしびれてしまった。

　　_____

2. 試験に合格できなかったので、落ち込んでいる。

　　_____

3. 彼は家に帰って、むさぼるように食べた。

　　_____

4. 彼と出かけるのは断ったので、非常に気を悪くした。

　　_____

5. 彼女は小さいことで怒ることは多い。

　　_____

6. なぜ興奮しているの？

　　_____

7. 彼は嘘つき過ぎて、窮地に陥った。

　　_____

8. この子は夏いつも素っ裸になる。

　　_____

9. あら探しをすると大変疲れるよね。

　　_____

10. ミツバチのようによく働くという表現を知っているの？

　　_____

● 参考訳 3 ●

Conversation 1

Jean ：ミツバチのようによく働くという表現を知っているよね。

Émile ：うん、知っているけどちゃんと意味を理解しているかどうかは自信がない。

Jean ：常に働いているミツバチの巣箱を想像してみて。

Émile ：分かった。よく働く人のことをいうわけね。

Conversation 2

Jean ：この映画はとても印象的だった。

Émile ：そうだね。なかなか忘れることはないと思う。

Jean ：この監督は才能があふれている。

Émile ：でも時々、あら探しをしていると思うけど。

Jean ：なぜそう思うのかな？

Émile ：ちょっと描写が細かすぎると思う。

Jean ：逆に、私はそういうところが好きだ。

Conversation 3

Jean ：お友達は元気なさそうね。

Émile ：彼女と別れたんだって。落ち込んでいるみたい。

Jean ：そうか、どうしてあまりしゃべらないのか分かった。

Émile ：普段はこんな感じではないけど。

Conversation 4

Jean ：どうしたの？元気なさそう？

Émile ：起きれないの。 足がしびれたんだ。

Jean ：ちょっと待って、手伝うよ。

Émile ：ありがとう。よくなった。

Conversation 5

Jean ：今日の新聞で変な話を読んだんだ。

Émile ：なになに教えて！

Jean ：ある人が宝くじに当たって窮地に陥ったんだって。自慢しすぎて、結局引っ越しすることになったらしい。

Émile ：宝くじに当たることがあっても、誰にも話さないようにしなくちゃ。

Conversation 6

Jean　　：　お兄ちゃんは怒っている感じだけど。 大丈夫？

Emile　 ：　気にしないで。小さいことですぐ怒るのよ。今日は一緒にお出かけしないよ
　　　　　　と言ったからね。

Jean　　：　何で？

Emile　 ：　ただ一緒に出かけたくないからよ。

Conversation 7

Jean　　：どうしたの？落ち着きがないね。

Émile　 ：そうなの。人と会う約束があってね。興奮しているのよ。

Jean　　：誰と会うの？秘密なの？

Émile　 ：また今度。

Conversation 8

Jean　　：昨日マリに電話したんだ。

Émile　 ：元気なの？

Jean　　：よく分からない。非常に気を悪くさせたみたい…。

Émile　 ：ええ、何で？

Jean　　：相変わらず、大げさだと言ったから。

Emile　 ：そうか。

Conversation 9

Jean　　：この間、友達と食べに行ったんだけど、信じられないことが起きたんだ。
　　　　　隣の席の人たち々々はむさぼるように食べていたのよ。

Émile　 ：何日間も食べてなかったの。

Jean　　：分からないけどこういう光景を見たのは初めてだった。

Conversation 10

Jean　　：子供の時、夏素っ裸でうろうろするの好きだった。

Emile　 ：寒くなかったの？

Jean　　：素っ裸でうろうろしたことないの？

Emile　 ：まったくない。

4. Les serpents, les singes et les animaux divers
蛇、猿、色々な動物

1. être paresseux comme une couleuvre

une couleuvre : 無毒蛇

意味：非常に怠け者である。

解説：基本的に体温は15度以上にならないと蛇は動かないことから、この表現が生まれた。

Conversation 1

Jean : J'ai fait la connaissance de Pierre.

Émile : Alors comment tu le trouves ?

Jean : Je ne sais pas trop, mais, j'ai l'impression qu'il est paresseux comme une c_____.

Émile : Ah, bon ! Qu'est-ce qui te fait dire ça ?

Jean : C'est tout un ensemble.

Émile : Décidément, tu n'aimes pas mes amis !

日本語訳 → p.54

2 avoir une langue de vipère

une vipère : クサリヘビ

意味：毒舌家である。
解説：蛇は舌を出すと、蛇にかまれると思われることからこの表現が生まれた。

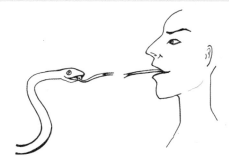

Conversation 2

Jean　: Je t'ai dit que j'ai rencontré Pierre hier. J'ai eu un peu une langue de v_____ . En fait, il n'est peut-être pas aussi paresseux qu'il en a l'air.

Émile : Tu as changé d'avis ?

Jean　: Oui, enfin, j'ai parlé un peu trop vite.

日本語訳 → p.54

4. Les serpents, les singes et les animaux divers

> **3 payer en monnaie de singe**
>
> **un singe** : 猿
>
> 意味：お金の代わりに、何かをして払うこと。
> 解説：この表現は 13 世紀にできたと言われる。ルイ 9 世がパリのシテ島からサン・ジャック道を繋いでいた橋を渡ると税を払わせることを決めた。だが、猿を飼っていた大道商人などは税を払わずに、その際に、代わりとして、猿に芸をさせていたという。

Conversation 1

Jean　: J'ai entendu une histoire drôle.
　　　　C'est l'histoire d'un monsieur qui a essayé de payer son repas en monnaie de s_____.
Émile : En monnaie de s_____ ? Ça, c'est pas mal ! Et alors ?
Jean　: Rien. Le restaurateur n'a rien voulu entendre.

日本語訳 → p.54

4 faire le singe

un singe : 猿

意味：動き回る、わざと色々な表情をする。

解説：猿同士はコミュニケーションをとるために、わざと色々な表情をするところからこの表現が生まれた。

Conversation 2

Jean　: Ce petit garçon, là-bas, est vraiment amusant !

Émile : Oui, c'est vrai. Il n'arrête pas de faire le <u>s</u>____.

Jean　: Il me fait un peu penser à mon fils.

日本語訳 → p.54

4. Les serpents, les singes et les animaux divers

 être curieux comme une belette

une belette : コエゾイタチ

意味：好奇心の非常に強い人。
解説：コエゾイタチは24時間食べずにいることはできない。そのため、獲物を探すことになるが、その時、いたるところで素早く匂いを嗅ぐところからこの表現は生まれた。

Conversation 1

Jean　: Je n'ai jamais rencontré quelqu'un d'aussi curieux que Paul.
Émile : Tu veux dire qu'il est curieux comme une b____ !
Jean　: Mais pourquoi dit-on une belette ?
Émile : Les belettes ne peuvent pas rester sans manger plus de 24 heures, alors elles reniflent partout pour trouver une proie. C'est pour cela qu'on dit qu'elles sont curieuses.

日本語訳 → p.55

faire d'une mouche / un éléphant

une mouche : ハエ

un éléphant : 象

意味：大げさに言う、（とても）心配する、不安になる。

解説：ハエが象のように大きくなるという言い方。それぞれの動物の大きさからも想像しやすい表現である。

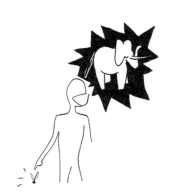

Conversation 2

Jean　: J'ai téléphoné à Marie hier.

Émile : Elle va comment ?

Jean　: Je ne sais pas trop.

Émile : Ah bon, et pourquoi ?

Jean　: Je lui ai dit qu'elle faisait toujours d'une m_____ un é_____. Elle a raccroché.

Émile : Toujours aussi diplomate !

日本語訳 → p.55

4. Les serpents, les singes et les animaux divers

 avoir une faim de loup

un loup : オオカミ

意味：ひどくおなかがすいている。
解説：オオカミは危険で飢えた動物というイメージからこの表現が生まれた。

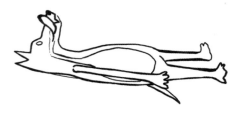

Conversation 3

Jean　: Bon, et si on allait manger quelque chose ?
Émile : C'est une bonne idée, j'ai une faim de l_____ .
Jean　: Moi aussi !

日本語訳 → p.55

8 être un ours mal léché

un ours : 熊

意味：山出しのがさつな人、愛想の悪い人。
解説：母熊がなめて子熊の毛を整えるが、なめてもらえなかった場合は
　　　愛想が悪くなるという迷信からこの表現が生まれた。

Conversation 4

Jean　：Au fait, j'ai essayé de me réconcilier avec Marie.
Émile：Et alors ?
Jean　：Elle m'a dit que je suis un ＿＿＿ mal léché !
Émile：Elle n'a peut-être pas tort !

日本語訳 → p.55

Exercices 4

練習問題１：次の表現を完成させてみましょう。

1. payer en monnaie de (　　　　　).

2. être curieux comme une (　　　　　).

3. avoir une langue de (　　　　　).

4. avoir une faim de (　　　　).

5. être paresseux comme une (　　　　　).

6. faire d'une (　　　　) un (　　　　　).

7. faire le (　　　　).

8. être un (　　　　) mal léché.

練習問題２：フランス語に訳してみましょう。

1. 昨日彼は仕事のことでちょっと口をこぼした。

   _____

2. 彼はいつも大げさなこと言う。

   _____

3. 先からこの子は動き回っている。

   _____

4. ひどくお腹がすいている。

   _____

5. お金がなくなった。何かを払えたらなあ。

   _____

6. 彼女に山出しのがさつなんだと言われた。

   _____

7. 時々非常に怠け者になりたい。

   _____

8. 彼女は好奇心の非常に強いだ。

   _____

● 参考訳 4 ●

Conversation 1

Jean　：昨日ピエールと初めて会ったんだ。

Émile　：彼のことをどう思った？

Jean　：よく分からないけど、非常に怠け者だという気がした。

Émile　：ええ、そうなの！なぜそう思うの？

Jean　：何だか、全体的に見て。

Émile　：どう考えても、僕の友達が好きではないね！

Conversation 2

Jean　：　昨日ピエールに会ったと言ったよね。僕はちょっと毒舌家だったかもね／口をこぼしたかもね。　彼は本当は、見た目ほどの怠け者ではないかも。

Émile　：　意見が変わったの？

Jean　：　いやあ、まあ、ちょっと軽率だったよね。

Conversation 3

Jean　：面白い話を聞いたわ。ある男の人はお金を払わずに食事をしようとした。

Émile　：お金を払わずに？　面白いね？それで？

Jean　：だめだった。レストラン経営者が聞く耳を持たなかったんだ。

Conversation 4

Jean　：この男の子は本当に面白いね。

Émile　：そうだね。わざと色々な表情をしているよね。

Jean　：ちょっと息子を思い出すんだ。

Conversation 5

Jean　：ポールほど好奇心の旺盛な人に会ったことない。

Émile　：コエゾイタチのように好奇心が旺盛だってこと？

Jean　：なぜ コエゾイタチのような？

Émile　：コエゾイタチは 24 時間食べずにいることはできないので獲物を見つけるために、いたるところで匂いを嗅ぐからそれが好奇心旺盛に見えるっていうことらしいよ。

Conversation 6

Jean　：昨日マリに電話したんだ。

Émile　：元気なの？

Jean　：よく分からない。

Émile　：ええ、何で？

Jean　：相変わらず、大げさだと言ったから、電話をきられたんだ。

Émile　：デリカシーに欠けるね。

Conversation 7

Jean　：さあ、何か食べに行こうか？

Émile　：行こう、ひどくおなかがすいているし。

Jean　：僕も。

Conversation 8

Jean　：マリーと仲直りをしようとしたんだ。

Émile　：それで？

Jean　：がさつな人だと言われたよ。

Émile　：それは正しい判断かもしれないね！

5. Les animaux aquatiques
水生の動物

1 rire comme une baleine

une baleine : 鯨

意味：大口を開けて笑う、大笑いする。

解説：鯨のように大きく口を開けるというイメージが強いが、この表現は傘の骨に用いられる。傘を開けると骨が延びて、傘が広くなるという様子を表す。

Conversation 1

Jean　：Il y a deux jours, j'ai vu un film qui m'a bien fait rire.

Émile：C'était quoi ?

Jean　：Un vieux film de Chaplin, « Le dictateur ».

Émile：J'adore les films de Chaplin, surtout celui-là. Ces films me font souvent rire comme une b_____.

日本語訳 → p.64

2 être muet comme une carpe

une carpe : コイ

意味：黙る。
解説：魚は匂いでコミュニケーションをとっているところからこの表現が生まれた。

Conversation 2

Jean　：Hier, pendant la réunion, tu n'as pas dit grand-chose !
Émile：Ben, tu sais, il m'arrive d'être muet comme une c_____.
Jean　：J'ai remarqué !

日本語訳 → p.64

5. Les animaux aquatiques

3　tomber dans un panier de crabes

un crabe : 蟹

意味：もめごとに巻き込まれる、困難な状況に遭う。

解説：蟹は一つのカゴにたくさん入っているとお互いに踏んだり、つねったりするというイメージからこの表現が生まれた。

Conversation 3

Jean　：J'ai été invité chez des amis hier.

Émile　：Tu as passé une bonne soirée ?

Jean　：Non pas vraiment, je suis tombé dans un panier de c_____. La plupart des invités avaient un peu trop bu.

日本語訳 → p.64

pleurer des larmes de crocodile

un crocodile : ワニ

意味：そら涙を流す。
解説：ワニは獲物を食べてから、涙を流すという言われからこの表現が生まれた。

Conversation 4

Jean　　： Tu sais pourquoi, on dit : « pleurer des larmes de crocodile » ?
Émile　： Non, je ne sais pas .
Jean　　： Selon une vieille légende, quand un crocodile a mangé sa proie, il en a les larmes aux yeux.
Émile　： Ça illustre bien, le sens de cette expression !

日本語訳 → p.64

5. Les animaux aquatiques

5 être fermé comme une huître

une huître : 牡蠣

意味：ほとんどしゃべらないこと、内向的である。
解説：アフリカなどで、キリギリスはやイナゴなどの大群が毎年畑を
　　　食べ尽くすところからこの表現が生まれた。

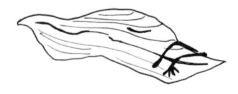

Conversation 5

Jean　　: Ton ami est toujours aussi peu bavard ?
Émile　 : D'habitude, il n'est pas comme ça.
Jean　　: Je me demandais s'il était toujours fermé comme une h_____.
Émile　 : Non, non je t'assure.
Jean　　: Bon d'accord.

日本語訳 → p.64

6 être serrés comme des sardines

une sardine : イワシ

意味：ぎゅうぎゅう詰めである。

解説：イワシは大きな群れを作って動く習性があるところからこの表現が生まれた。

Conversation 6

Jean　： Je suis vraiment fatigué, la journée a été longue.
Émile ： Moi aussi, j'ai une journée difficile.
Jean　： Dans le train, on était serrés comme des s_____.
　　　　Il faisait vraiment très chaud, c'était épouvantable.

日本語訳 → p.64

Exercices 5

練習問題１：次の表現を完成させてみましょう。

    1. pleurer des larmes de (   ).

    2. tomber dans un panier de (   ).

    3. rire comme une (   ).

    4. être serrés comme des (   ).

    5. être muet comme une (   ).

    6. être fermé comme une (   ).

練習問題２：フランス語に訳してみましょう。

1. 今日はずっと黙っているのね。元気ないの？

   _____

2. 猫がこけた時、大笑いしてしまった。

   _____

3. 彼は大変正直で、そら涙を流すことはないね。

   _____

4. 父は機嫌が悪い時、内向的になる傾向がる。

   _____

5. 昨日もめごとに巻き込まれそうになった。

   _____

6. 毎朝電車がぎゅうぎゅう詰めだ。

   _____

● 参考訳 5 ●

Conversation 1

Jean　：二日前、かなり笑える映画を見たのよ。

Émile　：どんな映画だった？

Jean　："独裁者という" チャップリンの映画。

Émile　：彼の映画が大好きで、特にこの映画。僕も彼の映画を見て、よく大笑いするんだ。

Conversation 2

Jean　：昨日会議中に余りしゃべらなかったのね！

Émile　：そうだね。ずっと黙っていることもあるよ。

Jean　：分かったよ！

Conversation 3

Jean　：昨日友達の家に呼ばれたんだ。

Émile　：楽しかった？

Jean　：それほどでもない。実は困難な状況に遭いちゃって...。ほとんど皆がかなり酔っぱらっていたの。

Conversation 4

Jean　：なぜそら涙を流すというのか知っている？

Émile　：知らないけど。

Jean　：古い言われからワニは獲物を食べてから、涙を流すらしい。

Émile　：この表現の意味を分かりやすくするよね。

Conversation 5

Jean　：友達っていつもあんな無口なの　？

Émile　：普段はこんな感じではないけど。

Jean　：いつもこんな感じかなと思っていた。

Émile　：違う、違う。

Jean　：分かった。

Conversation 6

Jean　：本当に疲れた。長い 1 日だったわ。

Émile　：私も大変な 1 日だった。

Jean　：電車はぎゅうぎゅう詰めだったし、すごく暑くってひどかった。

Deuxième partie

Le corps

身体

6. Les pieds, le nez , les mains, les doigts
足、鼻、手、指など

1 au pied de la lettre

pied : 足

意味：言われた通りにする。
解説：人々は一つ一つの単語の意味を考えて、行動するということからこの表現が生まれた。

Conversation 1

Jean　: J'ai reçu une invitation à une fête déguisée.

Émile : Tu vas te déguiser en quoi ?

Jean　: Je ne sais pas trop, et je me demande si je vais m'éxécuter <u>au</u>   de la lettre.

Émile : Ah, bon ! Et pourquoi ?

Jean　: Le thème de la fête est Dracula.

Émile : Pourquoi pas, Dracula !

日本語訳 → p.80

2 casser les pieds

les pieds : 足

意味：相手を不愉快にさせる。
解説：この表現は 15 世紀からあると言われている。

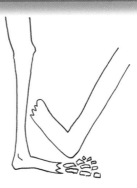

Conversation 2

Jean　：Je t'ai dit que je suis allé à une fête déguisée la semaine dernière.

Émile：Oui, alors c'était comment ?

Jean　：Martin m'a cassé <u>les</u>　　 toute la soirée avec des histoires de vampire.

Émile：C'était le thème de la soirée, non ?

Jean　：Oui, mais on aurait pu parler d'autre chose !

日本語訳 → p.80

6. Les pieds, le nez , les mains, les doigts

3 mettre à pied

un pied : 足

意味：解雇する。
解説：昔、馬に乗っていた人々は馬をなくしてしまった時、歩くしかな
かったところからこの表現が生まれた。

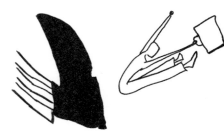

Conversation 3

Jean　：J'ai bien cru que mon patron allait me mettre à p_____ .
Émile : Qu'est-ce que tu as fait ?
Jean　：Je suis arrivé avec une heure de retard au travail.
Émile : Et pourquoi ?
Jean　：J'ai perdu les clés de ma voiture...

日本語訳 → p.80

piquer du nez

le nez : 鼻

意味：寝てしまうこと。
解説：船は沈んだり飛行機は落ちたりすると "piquer" という動詞を使うこともある。

Conversation 4

Jean　: Alors, ce film, c'était comment ?
Émile : C'était tellement ennuyeux que j'ai fini par piquer du n_____ .
Jean　: Moi qui pensais aller le voir !
Émile : Comme cela, tu ne perderas pas ton temps.

日本語訳 → p.80

6. Les pieds, le nez , les mains, les doigts

 se lever du pied gauche

le pied : 足

意味：朝から機嫌が悪い。
解説：ローマ人にとっては左が悪い方向だったそうで、左足から起きるとその日悪い事が起こるとされていた。そこで左足から起きると機嫌が悪いという意味に転じた。

Conversation 5

Jean : Qu'est-ce que tu as ? Ça ne va pas ?

Émile : Oui et non. Je me suis levé du _____ gauche.

Jean : Viens, je te paie un pot !

Émile : C'est gentil.

Jean : En espérant que cela te mette de meilleure humeur !

Émile : Cela va déjà mieux.

日本語訳 → p.80

avoir le nez creux

le nez : 鼻

意味：鼻がきく。
解説：猟犬は嗅覚が鋭いというところからこの表現が生まれた。

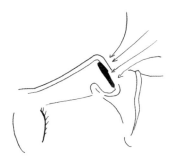

Conversation 6

Jean　：Tu te souviens de mon ami Martin ?
Émile：Oui, oui bien sûr.
Jean　：Figure-toi qu'il a le _____ creux ! Il a trouvé un séjour au ski très bon marché.
Émile：C'est avoir le nez creux !
Jean　：Oui, il trouve toujours des bons plans.
Émile：Ah, je vois !

日本語訳 → p.80

6. Les pieds, le nez, les mains, les doigts

 croiser les doigts

les doigts : 指

意味：何か成功することを信じる。（指を十字架の形にする）

解説：キリスト教の信仰では十字架は悪いものを追い払う力を持っているところからこの表現が生まれた。

Conversation 7

Jean : C'est demain, ton examen ?

Émile : Oui, demain matin. J'ai encore un peu de temps pour préparer.

Jean : Tout ira bien.

Émile : Oui, je pense. Je croise les _____ .

日本語訳 → p.81

8 donner un coup de pouce

le pouce : 親指

意味：人を手伝う。
解説：画家は最後に親指を使って、絵を完成させることからこの表現が
　　　生まれた。

Conversation 8

Jean　：Tu pourrais me donner un coup de _____ ?

Émile ：Tu as besoin de quoi ?

Jean　：J'aurais besoin d'aller à la mairie mais je ne peux pas conduire aujourd'hui. Ça t'ennuierait de me conduire ?

Émile ：Pas de problème.

日本語訳 → p.81

6. Les pieds, le nez, les mains, les doigts

9 mettre sa main au feu

la main : 手

意味：絶対に正しいと思うこと。
解説：中世には嘘を暴くため、火で手などを焼くことがあったから。

Conversation 9

Jean　: Je ne trouve pas mes clés de voiture.
Émile : Tu les avais à la main tout à l'heure.
Jean　: Je suis certain de les avoir posées là.
Émile : Tu es vraiment certain ?
Jean　: Oui, j'en mettrai ma _____ au feu.
Émile : Oublie cela. Regarde, elles sont là.

日本語訳 → p.81

10　savoir sur le bout des doigts

les doigts : 指

意味：確実に知っていること。
解説：古代からローマ人はこの表現を使っていた。

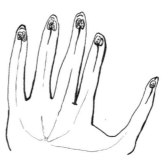

Conversation 10

Jean　: Je n'ai pas réussi mon examen de kanjis.
Émile : Ah bon, mais pourtant je pensais que tu les savais sur le bout des _____ tes kanjis .
Jean　: C'est bien ce que je pensais aussi.
Émile : Ne t'en fais pas, tu le réussiras la prochaine fois.
Jean　: Oui, j'espère !

日本語訳 → p.81

6. Les pieds, le nez, les mains, les doigts

11 mon petit doigt m'a dit

un doigt : 指

意味：風の便り
解説：小指を耳に入れるところという意味。

Conversation 11

Jean : Dis donc, tu as l'air content ?
Émile : Oui, mon petit _____ m'a dit quelque chose ce matin.
Jean : On peut savoir ce qu'il t'a dit ?
Émile : Il m'a dit que mes parents viennent ce week-end.
Jean : C'est vraiment ton petit doigt qui te l'a dit ?
Émile : Non, c'est ma soeur !

日本語訳 → p.81

12 payer rubis sur l'ongle

un ongle : 爪

意味：すぐに払い終える。

解説：17世紀、ワインを飲み干した時、最後の一滴は爪に残るぐらいだったところからこの表現が生まれた。

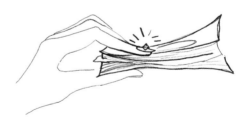

Conversation 12

Jean　：Tu as changé de voiture ?

Émile：Oui, elle est neuve.

Jean　：Tu as fait un prêt ?

Émile：Non, je l'ai payée rubis sur l'_____ .

Jean　：Tu as gagné au loto ?

Émile：Non, j'ai fait des économies pour pouvoir l'acheter.

日本語訳 → p.81

Exercices 6

練習問題１：次の表現を完成させてみましょう。

1. au (　　　　　　) de la lettre.

2. casser les (　　　　　).

3. mettre à (　　　　　).

4. piquer du (　　　　　).

5. se lever du (　　　　　) gauche.

6. avoir le (　　　　　) creux.

7. croiser les (　　　　　).

8. donner un (　　　　　) de pouce.

9. mettre sa main au (　　　　　).

10. savoir sur le bout des (　　　　　).

11. mon petit (　　　　　) m'a dit.

12. payer rubis sur l' (　　　　　).

練習問題２：フランス語に訳してみましょう。

1. 風の便りでいい知らせが来た。

2. 彼の話で不愉快になった。

3. 言われた通りにするのは筋です。

4. 絶対に正しいと思う。

5. 会議中に寝てしまった。

6. この歌を確実に知っている。

7. 全部払った。

8. 社長に解雇されると思った。

9. 朝から機嫌が悪い。

10. ちょっと手伝って下さい。

11. 彼は鼻がきく。

12. 成功する事を信じる。

● 参考訳 6 ●

Conversation 1

Jean　：仮装パーティーに招待された。
Émile　：何に仮装するつもり？
Jean　：まだ分からないんだ。言われた通りにするかどうか、まだ決めてないし。
Émile　：ああそう。どうして？
Jean　：パーティーのテーマがドラキュラで。
Émile　：じゃ、ドラキュラね。

Conversation 2

Jean　：先週仮装パーティーに行ったって話したでしょ。
Émile　：どうだったの？
Jean　：マルタンは一晩中ドラキュラの話ばっかりして、不愉快になったわ。
Émile　：でも、パーティーのテーマはドラキュラだったでしょ？
Jean　：そうだけど、もっと別の話もしたかったな。

Conversation 3

Jean　：社長に解雇されると思ったわ。
Émile　：何をしたの？
Jean　：仕事に一時間遅れたのよ。
Émile　：どうして遅れたの？
Jean　：車の鍵が見つからなくて…。

Conversation 4

Jean　：映画はどうだった？
Émile　：ひどく退屈な映画で寝てしまった。
Jean　：見に行こうと思っていたのに。
Émile　：時間を無駄に使わなくてもいい。

Conversation 5

Jean　：どうしたの？元気なさそうね？
Émile　：まあまあ。実は 朝から機嫌が悪い。
Jean　：じゃコーヒーでもどう？おごるわ。
Émile　：ありがとう。
Jean　：これで機嫌がよくなればいいけど。
Émile　：おかげでもう大分良くなったよ。

Conversation 6

Jean　：マルタンのことを覚えている？
Émile　：ええ、もちろん。
Jean　：鼻が利く人なんだよ。安いスキーツアーを見つけたんだって。
Émile　：それって鼻が利くということ！
Jean　：そうなんだよ。いつもいいものを見つけるんだ。
Émile　：なるほど、そうか。

Conversation 7
Jean　　：試験、明日よね。
Émile　：明日の朝。まだちょっと準備する時間があるし。
Jean　　：うまくいくよ。
Émile　：そうだね。成功することを信じている。

Conversation 8
Jean　　：ちょっと手伝ってくれない？
Émile　：どうしたらいい？
Jean　　：実は区役所に行かなきゃいけないけど、今日運転はできないから。車で送ってくれない？
Émile　：いいよ。

Conversation 9
Jean　　：車の鍵が見当たらないわ。
Émile　：さっきまで手に持っていなかった？
Jean　　：ここに置いたと思うけど。
Émile　：本当にそう思う？
Jean　　：絶対に正しいと思うけど。
Émile　：そうかなあ。ここにあるのよ。

Conversation 10
Jean　　：漢字のテストに受からなかった。
Émile　：ああそうなの。確実にできたと思っていたのに。
Jean　　：私もそう思っていたけど。
Émile　：今度受かるよ。
Jean　　：そうね。

Conversation 11
Jean　　：何か、嬉しそうだね。
Émile　：朝、風の便りでいい知らせが来た。
Jean　　：いい知らせって何？
Émile　：今週末、私の両親が来るって。
Jean　　：本当に風の便りなの？
Émile　：いいえ、実は姉さんに聞いたんだ。

Conversation 12
Jean　　：車を買い替えたの？
Émile　：そう、新車だ。
Jean　　：ローンで買ったの？
Émile　：もう全部払ったよ。
Jean　　：宝くじにでも当たったの？
Émile　：いいえ、このために、貯金したのよ。

7. La tête, les cheveux, les poils, le coeur, les dents, la langue

頭、髪の毛、毛、心、歯、舌など

1 une tête brûlée

la tête : 頭

意味：向こう見ずな人。

解説：サン-シモン (1760-1825)；(哲学者) が初めて、この表現を使ったそうだ。

Conversation 1

Jean : Tu te comportes de façon bizarre en ce moment, je trouve.

Émile : Qu'est-ce qui te fait dire cela ?

Jean : Tu es devenu une _____ brûlée. Tu fonces un peu sans réfléchir.

Émile : Tu exagères !

Jean : Alors, pourquoi tu ne m'as rien dit de ton nouveau projet ?

Émile : Ah, c'est cela ! J'allais le faire !

日本語訳 → p.94

2 se crêper le chignon

le chignon : 髪の毛

意味：喧嘩する。
解説：喧嘩する時は髪の毛がボサボサになるというイメージからこの表現が生まれた。

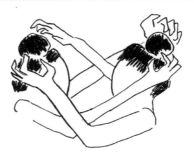

Conversation 2

Jean : Hier au supermarché, j'ai assisté à quelque chose de surprenant.
Émile : Ah bon, qu'est-ce que tu as vu ?
Jean : J'ai vu deux femmes se crêper le _____ à la caisse.
Émile : A propos de quoi ?
Jean : Je ne sais pas mais cela a duré un moment.

日本語訳 → p.94

7. La tête, les cheveux, les poils, le coeur, les dents, la langue

3 être de mauvais poil

le poil : 毛

意味：機嫌が悪い。
解説：17世紀に体の毛は性格を表すものとして使われていた。そのため、この表現が生まれた。

Conversation 3

Jean　：Dis donc, cela n'a pas l'air d'aller !
Émile：Je suis de mauvais _____ .
Jean　：Qu'est-ce qui t'a mis de mauvais poil.
Émile：On m'a volé ma voiture !
Jean　：Ça, ce n'est pas de chance !
Émile：Je ne te le fais pas dire !

日本語訳 → p.94

4 reprendre du poil de la bête

le poil : 毛

意味：病気してから回復すること。
解説：昔は犬に噛まれた場合は、犬の毛を使って傷を治すことができると信じられていたところからこの表現が生まれた。

Conversation 4

Jean　：J'ai vu mon frère hier. Il va beaucoup mieux.
Émile：Qu'est-ce qu'il lui est arrivé ?
Jean　：Il a eu la grippe mais il reprend du _____ de la bête.
Émile：Tant mieux. J'ai entendu dire qu'elle était tenace cette année.

日本語訳 → p.94

7. La tête, les cheveux, les poils, le coeur, les dents, la langue

5 le cœur qui bat la chamade

le cœur : 心

意味：心臓がドキドキする。
解説：太鼓の音からこの表現が生まれた。

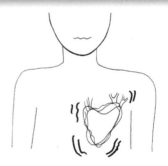

Conversation 5

Jean　：Alors tu sors ce soir ?

Émile　：Oui, j'ai un rendez-vous avec une amie, ce soir.

Jean　：Tu as le _____ qui bat la chamade ?

Émile　：Mais, non. Ce n'est qu'une amie.

Jean　：Bon d'accord. Tu ne veux pas m'en dire plus ?

Émile　：Non, il n'y a rien à dire !

日本語訳 → p.93

par cœur

cœur：心

意味：暗唱する。
解説：愛する人のことは決して忘れないことからこの表現が生まれた。

Conversation 6

Jean　：Alors, tu la connais par _____ la chanson ?
Émile：Non, pas encore. Et toi ?
Jean　：Je n'arrive jamais à apprendre par coeur.
Émile：Tu plaisantes ?
Jean　：Non, je ne plaisante pas.
Émile：Bon, essayons ensemble !

日本語訳 → p.93

７. La tête, les cheveux, les poils, le coeur, les dents, la langue

７ avoir les dents longues

les dents：歯

意味：とても野心家である。
解説：この表現はお腹がすいたという意味だったが、19世紀になってから野心家であるという意味に変わった。

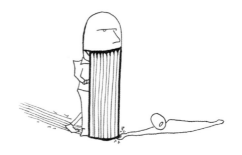

Conversation ７

Jean : Dis-moi, qu'est-ce que tu penses du nouveau président du Mexique ?

Émile : Je ne sais pas trop mais j'ai l'impression qu'il a les _____ longues.

Jean : C'est le moins qu'on puisse dire.

Émile : Sa présidence va être marquante à tout point de vue.

Jean : Gardons espoir !

日本語訳 → p.93

88

8 la langue de bois

la langue : 舌

意味：本当のことを言わないこと。
解説：ロシアから来た表現。

Conversation 8

Jean : Tu as vu l'interview de Merryl Standford ?

Émile : Oui, j'ai beaucoup aimé son interview. Au moins, elle ne pratique pas la _____ de bois.

Jean : J'aimerais qu'il y ait encore plus d'actrices et d'acteurs comme elle.

Émile : Oui, c'est vraiment une grande actrice. Elle a vraiment beaucoup de cran.

日本語訳 → p.93

Exercices 7

練習問題１：次の表現を完成させてみましょう。

1. être de mauvais (   ).

2. avoir les (   ) longues.

3. le (   ) qui bat la chamade.

4. reprendre du (   ) de la bête.

5. la (   ) de bois.

6. une (   ) brûlée.

7. par (   ).

8. se crêper le (   ).

練習問題２：フランス語に訳してみましょう。

1. 喧嘩している二人の女性を見た。

   _____

2. 昨日は機嫌が悪かった。

   _____

3. この大統領はとても野心家だ。

   _____

4. 有名な人に会うので、心臓がドキドキする。

   _____

5. この俳優は映画の中でも自生活の中でも向こう見ずな人だ。

   _____

6. 政治家は本とのこと言わない。

   _____

7. 彼は病気したが、今回復している。

   _____

8. 詩を暗唱するのは難しい。

   _____

● 参考訳 7 ●

Conversation 1

Jean ：エミール変わった行動していると思うんだけど。

Émile ：何でそんなことを言うの？

Jean ：向こう見ずな人になったし、何も考えずに突進しているような…。

Émile ：大げさだよ。

Jean ：だって、新しい企画についてなぜ何も言ってくれなかったの？

Émile ：ああ、そういう事か。話そうとは思っていたけど。

Conversation 2

Jean ：昨日スーパーでとっても驚くべき出来事を注目した。

Émile ：ええ！？何を見たの？

Jean ：レジでお客の二人の女性が喧嘩していてね。

Émile ：なんで喧嘩していたの？

Jean ： 分からないけど、ずっとやってたよ。

Conversation 3

Jean ：昨日ちょっと不愉快な経験したわ。

Émile ：何があったの？

Jean ：友達の家に呼ばれたんだけどずっと無用の人間だという気がしたわ。

Émile ：どういう意味なの？

Jean ：誰も喋ってくれなかったの。

Émile ：慰めになるかは分からないけど、私にもそういう経験があるよ。

Conversation 4

Jean ：昨日、久しぶりに兄に会ったんだ。かなり元気になって来てた。

Émile ：どうしたの？

Jean ：インフルエンザになったんだけどちょっとずつ元気になってきたみたい。

Émile ：よかったね。今年のインフルエンザはなかなか治らないと聞いた。

Conversation 5

Jean　　：今晩出かけるの？

Émile　：うん、今晩、女友達と会う約束している。

Jean　　：ドキドキしている？

Émile　：いいえ、ただの友達だよ。

Jean　　：そうか。何も言いたくないよね。

Émile　：だって、何も言うことはないし。

Conversation 6

Jean　　：で、歌は暗唱したの？

Émile　：いいえ、まだ。あなたは？

Jean　　：昔から暗唱はできない。

Émile　：本気なの？

Jean　　：いいえ、冗談じゃないよ。

Émile　：じゃ、二人でやってみよう！

Conversation 7

Jean　　：メキシコの新しい大統領のこと、どう思う？

Émile　：よく分からないけどとても野心家だという気がする。

Jean　　：確かにそうだね。

Émile　：彼の任期中は色々な意味で印象的なことが起こるかもね。

Jean　　：そうね。でも、これ以上悪くならないといいね。

Conversation 8

Jean　　：メリルスタンドフォードのインタビューを見た？

Émile　：うん、とてもいいインタビューだったね。本音を言う人でよかったわ。

Jean　　：彼女のような女優や俳優がもっとたくさんいればいいけどね。

Émile　：そうだね。素晴らしくて、とても勇気のある女優だ。

コラム

　思い出話になるが、ある時、耳をそろえるという表現を聞いて、大変驚いた。
この表現は使われていた内容から必要な金額を不足なく用意することだと理解できた。但し、なぜ耳なのか、耳とお金はどんな関係を持っているのかと考えるようになった。もしかして身体の耳以外に、別の漢字を充てると、ミミでお金のことを表すことがあるのかもしれないと思った。日本語の場合、同音異義語も多いので、その可能性もあるかと思い、調べる事にした。語源由来辞典を見て、納得できた。身体の耳に間違いなかった。語源由来辞典に書かれていたのは以下のような解説である。

　『耳をそろえるの語源・由来は：「耳」は頭部の中心から端に位置することから、「パンの耳」と言うように「縁」を意味する。大判や小判の縁も「耳」と言ったところから、金銭を不足なく取り揃えることを「耳をそろえる」と言うようになった。
札束の端を揃えることからとも言われるが、紙幣が一般に流通する以前から使われている言葉である。』

　上記の経験から、この参考書を作りたくなったと言ってもいいかも知れない。だがそれ以上に常に「言葉」に魅了されている気がする。

　母語でも外国語でも面白い表現に出会うのはとても楽しいと思う。その言語への理解が深まると共に、その言語との「縁」が更に深まっていくように思えるのである。

Troisième partie

Les chiffres

数字

8. Les chiffres deux et quatre

2と4の数字

1 faire d'une pierre deux coups

deux : 二

意味：一石二鳥。

解説：モンテーニュ（1533–92）；（作家・モラリスト）はこの表現を
よく使っていたそうだ。

Conversation 1

Jean : Il est temps de partir !

Émile : Oui, tu as raison. Il vaut mieux partir avant la neige.

Jean : On va faire d'une pierre _____ coups.

Émile : C'est vrai. On va arriver à temps pour le diner et éviter la neige.

Jean : C'est super !

日本語訳 → p.110

2 être à **deux** doigts de faire quelque chose

deux : 二

意味：何かする寸前だ。
解説：この表現の中で指は長さを示している。

Conversation 2

Jean : Tu veux jouer aux cartes avec moi ?
Émile : D'accord. On joue à quoi ?
Jean : On joue au menteur.
Émile : La dernière fois, j'étais à _____ doigts de gagner… Tu t'en souviens ?
Jean : Voyons, ce qui va se passer aujourd'hui…

日本語訳 → p.110

8. Les chiffres deux et quatre

> **3** nager entre deux eaux
>
> **deux** : 二
>
> 意味：決断を避けること。
> 解説：この表現は 14 世紀からあると言われている。

Conversation 3

Jean　: Alors tu as pris une décision ?
Émile : Non, je n'arrive pas à me décider
Jean　: Tu nages entre _____ eaux ?
Émile : Je n'arrive pas à faire autrement.

日本語訳 → p.110

4 en rester comme **deux** ronds de flan

deux : 二

意味：びっくり仰天した。
解説：16世紀には "flan" はコインのことを示していた。びっくり仰天した時、目が大きく丸くなって、コインの形に似ているところからこの表現が生まれた。

Conversation 4

Jean : Je suis allé au zoo hier. J'ai vu un orang-outan pour la première fois.

Émile : Il était comment ?

Jean : Il était tellement imposant que j'en suis resté comme _____ ronds de flan.

Émile : J'aimerais bien le voir.

Jean : On peut y aller ensemble, si tu veux.

Émile : C'est une bonne idée !

日本語訳 → p.110

8. Les chiffres deux et quatre

 joindre les deux bouts

deux : 二

意味：帳じりを合わせる。
解説：フランス革命（18世紀）までは農作物の収穫が少なかった時、joindre les deux bouts de l'année という言い方をしていた。

Conversation 5

Jean　: Ce mois-ci, j'ai dépensé un peu trop d'argent.

Émile : Tu vas joindre les _____ bouts ?

Jean　: Je pense que cela ira. Je vais manger des pâtes plus souvent.

Émile : Je te donnerai quelques légumes de mon jardin.

Jean　: C'est très gentil !

日本語訳 → p.110

En deux coups de cuiller à pot

deux : 二

意味：早く、素早く。
解説：cuiller à pot は大きなお玉杓子のことなので、スープなどをサーブ早くできるところからこの表現が生まれた。

Conversation 6

Jean　：J'ai fini mon travail plus tôt aujourd'hui.
Émile：Comment cela se fait ?
Jean　：J'ai réussi à tout faire en _____ coups de cuiller à pot.
Émile：C'est super.
Jean　：Merci.

日本語訳 → p.110

8. Les chiffres deux et quatre

 la semaine des quatre jeudis

quatre : 四

意味：決して…ない。

解説：中世では木曜日と日曜日にはたくさん食べることは許されていたところから、この表現が生まれた。一週間に木曜日か四回あれば多くの人が喜んでいたに違いないだろうという意味。

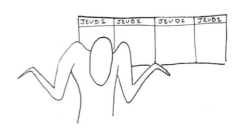

Conversation 7

Jean　: J'ai une proposition à te faire.

Émile : C'est quoi ta proposition ?

Jean　: Tu ne voudrais pas venir sauter à l'élastique avec moi ?

Émile : La semaine des _____ jeudis…

Jean　: Bon, c'est non alors.

日本語訳 → p.111

8 tomber les quatre fers en l'air

quatre : 四

意味：あおむけにひっくり返る。
解説：昔馬に乗って旅していた時、時たま馬が転ぶことがあったところからこの表現が生まれた。

Conversation 8

Jean　: Qu'est-ce que tu as fait hier ?
Émile : Je suis resté chez moi.
Jean　: Moi, je suis sorti un peu en fin d'après-midi et je suis tombé les _____ fers en l'air mais ça va.
Émile : Qu'est-ce qui t'es arrivé ?
Jean　: J'ai glissé sur une plaque de verglas.

日本語訳 → p.111

8. Les chiffres deux et quatre

9 couper les cheveux en quatre

quatre : 四

意味：細かい人のこと。
解説：中世には髪の毛を二つに割るという言い方していたそうだ。

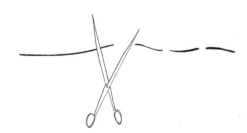

Conversation 9

Jean　：J'ai vu Martin hier. On devait travailler ensemble sur un nouveau projet mais je crois que cela ne va pas marcher.

Émile：Ah bon, et pourquoi ?

Jean　：Il a tendance à couper les cheveux en _____ .

Émile：C'est drôle, je ne pensais pas qu'il cherchait la petite bête.

Jean　：Moi, non plus.

日本語訳 → p.111

10 ne pas y aller par quatre chemins

quatre : 四

意味：正直な人。
解説：言いたいこと、あるいはやりたいことがある時、近道の方がいい
というところから生まれた表現だ。

Conversation 10

Jean　：Je t'ai parlé de mon projet de travail avec Martin.

Émile：Oui, tu m'as dit qu'il est méticuleux.

Jean　：Eh bien, je ne s'y pas allé par _____ chemins. Je lui ai dit que je pouvais pas continuer à travailler avec lui.

Émile：Comment l'a-t-il pris ?

Jean　：Il a compris. Nous sommes vraiment trop différents.

日本語訳 → p.111

105

8. Les chiffres deux et quatre

 dire ses quatre vérités à quelqu'un

quatre : 四

意味：…にずけずけと言う。

解説：元々 dire ses vérités à quelqu'un という言い方だったが方位に応じて4という数字が足されたそうだ。

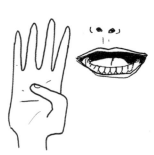

Conversation 11

Jean　: Tu n'as pas l'air de bonne humeur !

Émile : Je me suis disputé avec Martin.

Jean　: Pourquoi ?

Émile : J'avais besoin de lui dire ses _____ vérités .

Jean　: Et lui, qu'est-ce qu'il a dit ?

Émile : Pas grand chose.

日本語訳 → p.111

se mettre en quatre

quatre : 四

意味：一所懸命やること。
解説：4人分の仕事をするという意味からこの表現が生まれた。

Conversation 12

Jean　：Alors ta soirée, ça s'est bien passé ?
Émile：Pas trop mal.
Jean　：Tu n'as pas l'air très content.
Émile：Je me suis mis en _____ pour l'organiser mais tous mes invités ne sont pas venus.
Jean　：Ne t'en fais pas, c'est souvent comme cela.

日本語訳 → p.111

Exercices 8

練習問題１：次の表現を完成させてみましょう。

1. en rester comme（　　　　　）ronds de flan.

2. la semaine des（　　　　）jeudis.

3. nager entre（　　　　）eaux.

4. dire ses（　　　　）vérités à quelqu'un.

5. être à（　　　　）doigts de faire quelque chose.

6. couper les cheveux en（　　　　）.

7. joindre les（　　　　）bouts.

8. se mettre en（　　　　）.

9. ne pas y aller par（　　　　）chemins.

10. faire d'une（　　　　）deux coups.

11. tomber les（　　　　）fers en l'air.

12. en（　　　　）coups de cuiller à pot.

練習問題２：フランス語に訳してみましょう。

1. 一緒に出かけることは絶対ない。

2. 親に電話して、一石二鳥になった。

3. 彼は仕事する時、大変細かい。

4. お金を全部負ける寸前だった。

5. 彼女は三日前から決断をさけている。

6. 彼はいつも友達のために一所懸命やっている。

7. 彼女は素早く仕事を終えた。

8. 朝あおむけにひっくり返った。

9. 今月帳じりを合わせることはできない。

10. ニュースを聞いて、びっくり仰天した。

11. 兄にずけずけと言った。

12. 同僚がとても正直な人だ。

● 参考訳 8 ●

Conversation 1
Jean　：そろそろ出発しようね。
Émile　：そうだね。雪が降り出す前に出発した方がいいよ。
Jean　：今なら、一石二鳥にになるじゃない？
Émile　：本当だ。晩ご飯にも間に合うし、雪も避けられるし。
Jean　：完璧だね。

Conversation 2
Jean　：一緒にカードゲームしないか？
Émile　：いいよ。何にする？
Jean　：ババ抜きでどう？
Émile　：この間、私は勝つ寸前だったね…覚えている？
Jean　：うん、今日はどうなるかな…

Conversation 3
Jean　：どうするか決めた？
Émile　：いや、まだまだ決めてないの。
Jean　：決断を避けているの？
Émile　：決断を避ける以外は他にないわ。

Conversation 4
Jean　：昨日動物園に行って来たよ。初めて、オランウータンを見たよ。
Émile　：どうだった？
Jean　：とても大きくてびっくり仰天した。
Émile　：私もみたいな。
Jean　：よかったら、一緒に行く？
Émile　：良いね。

Conversation 5
Jean　：今月お金を使いすぎてしまった。
Émile　：次の給料日までやりくりできるの？
Jean　：大丈夫よ。パスタがあればなんとかなるかな。
Émile　：うちの野菜をあげようか？
Jean　：ありがとう。

Conversation 6
Jean　：今日、普段よりは早く仕事が終わったんだ。
Émile　：どうして？
Jean　：素早く仕事が出来たから。
Émile　：すごいね。
Jean　：ありがとう。

Conversation 7
Jean　：ちょっとした提案があるの。
Émile　：どんな提案なの？
Jean　：一緒にバンジージャンプしないか？
Émile　：決してしないよ。
Jean　：じゃ、ノーだね。

Conversation 8
Jean　：昨日何をしていたの？
Émile　：家にいた。
Jean　：私は午後ちょっと出かけて、あおむけにひっくり返ったの。
Émile　：どうしたの？
Jean　：氷の上で滑っちゃって …。

Conversation 9
Jean　：昨日マルタンに会った。一緒に新しい企画を考えるつもりだったけど、無理かもね。
Émile　：どうしてなの？
Jean　：すごく細かい人なの。
Émile　：意外だね。それほど細かくないと思っていたけど。
Jean　：私も。

Conversation 10
Jean　：マルタンとの企画の話、したよね。
Émile　：聞いたよ。大変細かいって言っていたね。
Jean　：正直、一緒には仕事できないと言った。
Émile　：気を悪くしなかった？
Jean　：彼も分かってくれたよ。あまりにも仕事の仕方が違うしね。

Conversation 11
Jean　：あまり機嫌がよくなさそうね！
Émile　：実はマルタンと喧嘩をした。
Jean　：どうして？
Émile　：ずけずけと言われたのよ。
Jean　：で、彼は何と言った？
Émile　：大したことじゃないんだけどね。

Conversation 12
Jean　：パーティーはどうだった？
Émile　：まあまあ。
Jean　：あまり楽しくなかったの？
Émile　：一所懸命準備したのに招待した友達はあまり来なかったわ。
Jean　：気にしないで。よくあることだよ。

9. Les chiffres divers

色々な数字

1 être la cinquième roue du carrosse

cinquième : 5番目

意味：無用の人間だ。

解説：4輪馬車には5つ目の車輪は必要がないというところからこの表現が生まれた。

Conversation 1

Jean : Hier, j'ai fait une experience un peu désagréable.

Émile : Qu'est-ce qui t'es arrivé ?

Jean : J'étais invité chez des amis mais toute la soirée, j'ai eu l'impression d'être la _____ roue du carrosse.

Émile : Qu'est-ce que tu veux dire par là ?

Jean : Personne ne m'a parlé.

Émile : Si cela peut te consoler, cela m'est déjà arrivé.

日本語訳 → p.122

2 tourner sa langue sept fois dans sa bouche

sept : 七

意味：話す前によく考えること。
解説：19 世紀に使われるようになった。

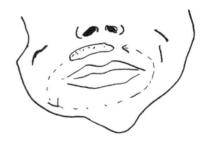

Conversation 2

Jean : Qu'est-ce que tu as dit à Martin ? Il était très en colère.
Émile : Je lui ai dit que tu n'aimes pas sa compagnie.
Jean : Mais je n'ai jamais dit cela. Tu devrais tourner ta langue _____ fois dans ta bouche avant de parler.
Émile : Désolé. Je vais lui parler.
Jean : Non laisse, je vais m'en occuper.

日本語訳 → p.122

9. Les chiffres divers

3. l'ouvrier de la onzième heure

onzième : 11 番目

意味：仕事の時間がもう終わるころに仕事を始めること。

解説：古代では昼の 11 時に仕事を終えることになっていたところから この表現が生まれた。

Conversation 3

Jean : Tu connais l'expression : "l'ouvrier de la _____ heure" ?

Émile : Non pas du tout. Qu'est-ce que cela veut dire ?

Jean : C'est pour parler de quelqu'un qui arrive au moment où le travail est presque fini.

Émile : Tu penses à quelqu'un en particulier ?

Jean : Non, c'est juste pour faire la conversation.

日本語訳 → p.122

chercher midi à quatorze heures

midi à quatorze heures : 昼の 12 時

意味：簡単なことを難しくすること。
解説：元々は chercher midi à onze heures という言い方だったが間違って使われるようになった。その後、今の言い方と意味になったと言われている。

Conversation 4

Jean : Je ne comprends vraiment pas comment il marche cet appareil !

Émile : Je peux regarder ?

Jean : Oui, si tu veux !

Émile : Il suffit d'appuyer sur ce bouton.

Jean : Tu es sûr ?

Émile : Bien entendu, si tu ne cherchais pas _____ à quatorze heures, tu aurais trouver !

日本語訳 → p.122

115

9. Les chiffres divers

 attendre cent sept ans

cent sept ans : 107

意味：ずっと待つこと。

解説：ノートルダム大聖堂を造るのに100年以上かかったと言われているところからこの表現が生まれた。

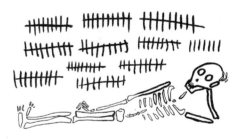

Conversation 5

Jean : On avait rendez-vous à quatre heures, tu te souviens ?

Émile : Je suis désolé, je n'ai pas vu le temps passé.

Jean : La prochaine fois, ne me fais pas attendre _____ ans. Donne-moi un coup de fil !

Émile : D'accord.

日本語訳 → p.123

être au septième ciel

septième : 七番目

意味：非常に幸せであること。
解説：昔は地球から一番離れた惑星のことを「七番目の空」という言い方をしていた。この惑星は大変静かなところで幸せになれるというところからこの表現が生まれた。

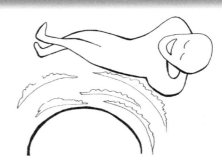

Conversation 6

Jean　：Alors, tes vacances, c'était comment ?

Émile：C'était super. J'étais au _____ ciel tous les jours. Et toi ?

Jean　：Moi, je n'étais pas au _____ ciel tous les jours mais j'ai quand même passé de bonnes vacances.

Émile：On en parle tout à l'heure au déjeuner.

Jean　：A tout à l'heure.

日本語訳 → p.123

9. Les chiffres divers

 s'en moquer comme de l'an quarante

quarante : 40

意味：あることにまったく興味を持たないこと、無関心であること。

解説：この表現の起源ははっきりしないが、1791年ごろから使われるようになったと言われている。

Conversation 7

Jean　：Tu as parlé à ta mère de ton projet de voyage ?

Émile：Non, je pense qu'elle s'en moque comme de l'an ＿＿＿＿．

Jean　：Tu devrais quand même essayer de lui en parler.

Émile：Tu as peut-être raison, j'essayerai.

日本語訳 → p.123

8 voir trente-six chandelles

trente-six : 七番目

意味：めいまいがする。

解説：16世紀では voir les chandelles という言い方をしていたが、後に 36 という数字が加わったところからこの表現が生まれた。

Conversation 8

Jean　: Tu as déjà vu _____ chandelles ?

Émile : Non, pourquoi ?

Jean　: Eh bien, moi, je suis tombé de vélo et j'ai vu trente-six chandelles.

Émile : C'est une expression intéressante.

Jean　: Oui, c'est vrai mais l'expérience ne l'est pas vraiment.

日本語訳 → p.123

Exercices 9

練習問題１：次の表現を完成させてみましょう。

1. voir (　　　　　) chandelles.

2. l'ouvrier de la (　　　　　) heure.

3. tourner sa langue (　　　　　) fois dans sa bouche.

4. être au (　　　　　) ciel.

5. être la (　　　　　) roue du carosse.

6. attendre (　　　　　) ans.

7. s'en moquer comme de l'an (　　　　　).

8. chercher (　　　　　) à (　　　　　) heures.

練習問題２：フランス語に訳してみましょう。

1. 馬から落ちて、めいまいがした。

   _____

2. 彼は無用の人間だった。

   _____

3. 彼女は簡単なことを難しくすることはよくある。

   _____

4. 話す前によく考えた方がいいと言われる。

   _____

5. 同僚は仕事の時間が終わりそうな頃、仕事を始める感じの人だ。

   _____

6. 映画館の前で友達をずっと待った。

   _____

7. 彼女は試合に勝って、非常に幸せになった。

   _____

8. 彼は将来のこと無関心だ。

   _____

● 参考訳9 ●

Conversation 1

Jean　：昨日ちょっと不愉快な経験したわ。

Émile　：何があったの？

Jean　：友達の家に呼ばれたんだけどずっと無用の人間だという気がしたわ。

Émile　：どういう意味なの？

Jean　：誰も喋ってくれなかったの。

Émile　：慰めになるかは分からないけど、私にもそういう経験があるよ。

Conversation 2

Jean　：マルタンに何を言ったの？大変怒っていたけど。

Émile　：彼とあまり一緒にいたくないって言ったって本当なの？

Jean　：そんな事は言ってないよ。話す前によく考えれば…

Émile　：ごめん。彼と話すわ。

Jean　：結構だ。自分でやるわ。

Conversation 3

Jean　：昼11時の労働者という表現を知っている？

Émile　：全然。どういう意味ですか？

Jean　：仕事の時間が終わりそうな頃、仕事を始める人のこと。

Émile　：特に誰かのことを考えているの？

Jean　：いいえ、ただ話をしたかっただけ。

Conversation 4

Jean　：これをどうやって使うのかはさっぱり分からないわ。

Émile　：見てみようか？

Jean　：お願い。

Émile　：このボタンを押すだけでいいはずだけど。

Jean　：ええ、本当？

Émile　：そんなに難しく考えなければ、すぐ分かっていたよ！

Conversation 5

Jean　：４時に待ち合わせしたこと、覚えている？
Émile　：ごめんね。時間になってるのは気がつかなかった。
Jean　：今度は、待たせないでね。そんなときは電話して。
Émile　：分かった。

Conversation 6

Jean　：ねえ、休みはどうだった？
Émile　：楽しかったよ。毎日とっても楽しかった！ジャンは？
Jean　：毎日そこまで楽しかったとは言えないけどそれでも良い休みだったわ。
Émile　：じゃあ後で食事でもしながら休みのことを聞かせてね。
Jean　：うん、また後で。

Conversation 7

Jean　：お母さんに今度の旅の計画について話した？
Émile　：いや、無関心だと思うよ。
Jean　：でも話してみた方がいいと思うけど。
Émile　：そうかもね。話してみようかな。

Conversation 8

Jean　：めいまいがしたことがある？
Émile　：いいえ、どうして？
Jean　：自転車で転倒して、めいまいがしたの。
Émile　：この表現は面白いね。
Jean　：そうだけど、その体験はあまり面白そうじゃないね。

Quiz 1

これまで習った表現（蛇、家畜など）をもう一回見てみましょう。
それぞれの表現に当てはまる動物を選びましょう。

1) être paresseux comme une couleuvre　　　_____

2) avoir une langue de vipère　　　_____

3) beugler comme un âne　　　_____

4) être doux comme un agneau　　　_____

5) un vent à décorner les boeufs　　　_____

6) faire un froid de canard　　　_____

7) se regarder en chien de faïence　　　_____

8) manger comme un cochon　　　_____

9) être le dindon de la farce　　　_____

10) pleuvoir comme vache qui pisse　　　_____

（ 雌牛 / 子羊 / クサリヘビ / ロバ / 豚 /
七面鳥の雄 / 牛 / 無毒蛇 / カモ / 犬 ）

Quiz 2

これまで習った表現（虫など）をもう一回見てみましょう。
それぞれの表現に当てはまる動物を選びましょう。

1) s'activer comme une abeille   _____

2) chercher la petite bête   _____

3) avoir le cafard   _____

4) avoir des fourmis dans les jambes   _____

5) se fourrer dans un guêpier   _____

6) prendre la mouche   _____

7) être excité comme une puce   _____

8) être vexé comme un pou   _____

9) se jeter sur un plat comme des sauterelles   _____

10) être nu comme un ver   _____

**（ ミツバチ / ゴキブリ / スズメバチの巣 / ハエ / アリ /
ノミ / キリギリス / 動物、虫 / ミミズ / シラミ ）**

Quiz 4

これまで習った表現（水生の動物とその他の動物）をもう一回見てみましょう。それぞれの表現に当てはまる動物を選びましょう。

1) rire comme une baleine _____

2) être muet comme une carpe _____

3) tomber dans un panier de crabes _____

4) pleurer des larmes de crocodile _____

5) être fermé comme une huître _____

6) être serrés comme des sardines _____

7) être curieux comme une belette _____

8) faire d'une mouche un éléphant _____

9) avoir une faim de loup _____

10) être un ours mal léché _____

（イワシ / 象 / オオカミ / 鯨 / ハエ /
牡蠣 / 熊 / コイ / 蟹 / コエゾイタチ）

Quiz 3

これまで習った表現（猿と鳥など）をもう一回見てみましょう。
それぞれの表現に当てはまる動物を選びましょう。

1) se prendre le bec　　　　　　　　　　　　　　_____

2) avoir une tête de linotte　　　　　　　　　_____

3) donner des noms d'oiseaux à quelqu'un　　_____

4) avoir un appétit d'oiseau　　　　　　　　_____

5) avoir la chair de poule　　　　　　　　　　_____

6) être une poule mouillée　　　　　　　　　_____

7) quand les poules auront des dents　　　　_____

8) chanter comme un rossignol　　　　　　　_____

9) payer en monnaie de singe　　　　　　　　_____

10) faire le singe　　　　　　　　　　　　　　_____

(鳥 / ぬれた雌鳥 / 胸赤鶸（ムネアカヒワ鳥）/ 猿 /
ナイチンゲール（サヨナキドリ）/ 鳥 / 猿 / 雌鳥 / 鶏 / くちばし)

Quiz 5

これまで習った表現（身体、数字など）をもう一回見てみましょう。
それぞれの表現に当てはまる動物を選びましょう。

1）au pied de la lettre　　　　　　　　　　　＿＿＿＿＿＿

2）nager entre deux eaux　　　　　　　　　＿＿＿＿＿＿

3）piquer du nez　　　　　　　　　　　　　　＿＿＿＿＿＿

4）avoir des fourmis dans les jambes　　　＿＿＿＿＿＿

5）donner un coup de pouce　　　　　　　　＿＿＿＿＿＿

6）mettre sa main au feu　　　　　　　　　　＿＿＿＿＿＿

7）payer rubis sur l'ongle　　　　　　　　　＿＿＿＿＿＿

8）se crêper le chignon　　　　　　　　　　　＿＿＿＿＿＿

9）être de mauvais poil　　　　　　　　　　　＿＿＿＿＿＿

10）attendre cent sept ans　　　　　　　　　＿＿＿＿＿＿

**（百七 / 親指 / 足 / 手 / 鼻 /
二 / 頭 / 毛 / 爪 / 四）**

Quiz 6

これまで習った表現（身体、数字など）をもう一回見てみましょう。
それぞれの表現に当てはまる動物を選びましょう。

1) être au septième ciel   _____

2) avoir les dents longues   _____

3) la langue de bois   _____

4) voir trente-six chandelles   _____

5) s'en moquer comme de l'an quarante   _____

6) par cœur   _____

7) tourner sa langue sept fois dans sa bouche   _____

8) être la cinquième roue du carrosse   _____

9) une tête brûlée   _____

10) ne pas y aller par quatre chemins   _____

**（ 心 / 四十 / 頭 / 五番目 / 歯 /
三十六 / 四 / 七 / 舌 / 七回 ）**

● 本文解答

1. (p.6-13)

1 âne (*m.*) 2 agneau (*m.*) 3 bœufs (*pl.*) 4 canard (*m.*)

5 chien (*m.*) 6 cochon (*m.*) 7 dindon (*m.*) 8 vache (*f.*)

2. (p.18-25)

1 bec (*m.*) 2 linotte (*f.*) 3 oiseaux (*pl.*) 4 oiseau (*m.*)

5 poule (*f.*) 6 poule (*f.*) 7 poules (*pl.*) 8 rossignol (*m.*)

3. (p.30-39)

1 abeille (*f.*) 2 bête (*f.*) 3 cafard (*m.*) 4 fourmis (*pl.*) 5 guêpier (*m.*)

6 mouche (*f.*) 7 puce (*f.*) 8 pou (*m.*) 9 sauterelles (*pl.*) 10 ver (*m.*)

4. (p.44-51)

1 couleuvre (*f.*) 2 vipère (*f.*) 3 singe (*m.*) 4 singe (*m.*)

5 belette (*m.*) 6 mouche (*m.*) / éléphant (*m.*) 7 loup (*m.*) 8 ours (*m.*)

5. (p.56-61)

1 baleine (*f.*) 2 carpe (*f.*) 3 crabes (*pl.*)

4 crocodile (*m.*) 5 huître (*m.*) 6 sardines (*pl.*)

6. (p.66-77)

1 pied (*m.*) 2 pieds (*pl.*) 3 pied (*m.*) 4 nez (*m.*) 5 pied (*m.*) 6 nez (*m.*)

7 doigts (*pl.*) 8 pouce (*m.*) 9 main (*f.*) 10 doigts (*pl.*) 11 doigt (*m.*) 12 ongle (*m.*)

7. (p.82-89)

1 tête (*f.*) 2 chignon (*m.*) 3 poil (*m.*) 4 poil (*m.*)

5 cœur (*m.*) 6 cœur (*m.*) 7 dents (*pl.*) 8 langue (*f.*)

8. (p.96-107)

1 deux 2 deux 3 deux 4 deux 5 deux 6 deux

7 quatre 8 quatre 9 quatre 10 quatre 11 quatre 12 quatre

9. (p.112-119)

1 cinquième 2 sept 3 onzième 4 midi

5 cent sept ans 6 septième 7 quarante 8 trente-six

● 練習問題解答

1. (p.14-15)

1
1. pleuvoir comme vache qui pisse.
2. beugler comme un âne.
3. être le dindon de la farce.
4. un vent à décorner les boeufs.
5. se regarder en chien de faïence.
6. être doux comme un agneau.
7. faire un froid de canard.
8. manger comme un cochon.

2
1. Il mange toujours comme un cochon.
2. Aujourd'hui, il fait un froid de canard.
3. Mon père est doux comme un agneau.
4. Ils se regardent souvent en chien de faïence.
5. Hier, mon voisin beuglait comme un âne.
6. Le héros de ce film est souvent le dindon de la farce.
7. Quand il y a un typhon, il y a un vent à décorner les boeufs.
8. A la saison des pluies, il peut pleuvoir comme vache qui pisse.

2. (p.26-27)

1
1. avoir la chair de poule.
2. se prendre le bec.
3. chanter comme un rossignol.
4. avoir une tête de linotte.
5. donner des noms d' oiseaux à quelqu'un.
6. être une poule mouillée.
7. avoir un appétit d'oiseau.
8. quand les poules auront des dents.

2
1. Elle a une tête de linotte.
2. Quand il regarde un film d'horreur, il a la chair de poule.
3. Il est dommage que je ne puisse pas chanter comme un rossignol.
4. Il sera président quand les poules auront des dents.
5. Ils pensent que ce n'est pas intéressant de donner des noms d'oiseaux à quelqu'un.
6. Une poule mouillée, c'est quelqu'un comme le président T ?
7. Mes parents ne se prennent pas beaucoup le bec.

8. Mon chat a un appétit d'oiseau.

3. (p.40-41)

1
    1. avoir le cafard.

    2. se fourrer dans un guêpier.

    3. s'activer comme une abeille.

    4. se jeter sur un plat comme des sauterelles.

    5. être nu comme un ver.

    6. être vexé comme un pou.

    7. avoir des fourmis dans les jambes.

    8. chercher la petite bête.

    9. prendre la mouche.

    10. être excité comme une puce.

2
    1. Comme je suis resté lontemps assis, j'ai des fourmis dans les jambes.

    2. Comme je n'ai pas réussi l'examen, j'ai le cafard.

    3. Il est rentré à la maison et s'est jeté sur un plat comme des sauterelles.

    4. Comme j'ai refusé de sortir avec lui, il était vexé comme un pou.

    5. Elle prend souvent la mouche.

    6. Pourquoi es-tu excité comme une puce ?

    7. A force de mentir, il est tombé dans un guêpier.

    8. Cet enfant est toujours nu comme un ver en été.

    9. C'est très fatigant de chercher la petite bête.

    10. Tu connais l'expression : s'activer comme une abeille ?

4. (p.52-53)

1
    1. payer en monnaie de singe.

    2. être curieux comme une belette.

    3. avoir une langue de vipère.

    4. avoir une faim de loup.

    5. être paresseux comme une couleuvre.

    6. faire d'une mouche un éléphant.

    7. faire le singe.

    8. être un ours mal léché.

2
    1. Hier il a eu une langue de vipère au sujet du travail.

    2. Il fait toujours d'une mouche un éléphant.

    3. Depuis tout à l'heure, cet enfant fait le singe.

4. J'ai une faim de loup.

5. Je n'ai plus d'argent. Si je pouvais payer en monnaie de singe.

6. Elle m'a dit que je suis un ours mal léché.

7. J'aimerais être paresseux comme une couleuvre de temps en temps.

8. Il est curieux comme une belette.

5. (p.62-63)

1
1. pleurer des larmes de crocodile.

2. tomber dans un panier de crabes.

3. rire comme une baleine.

4. être serrés comme des sardines.

5. être muet comme une carpe.

6. être fermé comme une huître.

2
1. Tu es muet comme une carpe. Ça ne va pas ?

2. Quand mon chat est tombé, j'ai ri comme une baleine.

3. Il est très honnête, il ne pleure pas des larmes de crocodile.

4. Quand mon père est de mauvaise humeur, il a tendance à être fermé comme une huître.

5. Hier, j'étais sur le point de tomber dans un panier de crabes.

6. Tous les matins, on est serrés comme des sardines dans le train.

6. (p.78-79)

1
1. au pied de la letrre.

2. casser les pieds.

3. mettre à pied.

4. piquer du nez.

5. se lever du pied gauche.

6. avoir le nez creux.

7. croiser les doigts.

8. donner un coup de pouce.

9. mettre sa main au feu.

10. savoir sur le bout des doigts.

11. mon petit doigt m'a dit.

12. payer rubis sur l'ongle.

2
1. Mon petit doigt m'a dit quelque chose.

2. Son histoire m'a cassé les pieds.

133

3. Il est raisonnable de s'exécuter au pied de la lettre.

4. J'en mettrai ma main au feu.

5. J'ai piqué du nez en réunion.

6. Je connais cette chanson sur le bout des doigts.

7. J'ai payé rubis sur l'ongle.

8. J'ai pensé que mon patron allait me mettre à pied.

9. Je me suis levé(e) du pied gauche ce matin.

10. Tu peux me donner un coup de pouce ?

11. Il a le nez creux.

12. Je croise les doigts.

7. (p.90-91)

1

1. être de mauvais poil.

2. avoir les dents longues.

3. le coeur qui bat la chamade.

4. reprendre du poil de la bête.

5. la langue de bois.

6. une tête brûlée.

7. par coeur.

8. se crêper le chignon.

2

1. J'ai vu deux femmes se crêper le chignon.

2. Hier, j'étais de mauvais poil.

3. Il a les dents longues, ce président !

4. Comme je rencontre quelqu'un de célèbre, j'ai le coeur qui bat la chamade.

5. Cet acteur est une tête brûlée sur l'écran comme dans la vie.

6. Les politiciens pratiquent la langue de bois.

7. Il était malade mais maintenant il reprend du poil de la bête.

8. Il est difficile d'apprendre un poème par coeur.

8. (p.108-109)

1

1. en rester comme deux ronds de flan.

2. la semaine des quatre jeudis.

3. nager entre deux eaux.

4. dire ses quatre vérités à quelqu'un.

5. être à deux doigts de faire quelque chose.

6. couper les cheveux en quatre.

7. joindre les deux bouts.

8. se mettre en quatre.

9. ne pas y aller par quatre chemins.

10. faire d'une pierre deux coups.

11. tomber les quatre fers en l'air.

12. en deux coups de cuiller à pot.

2 1. On sortira ensemble la semaine des quatre jeudis.

2. J'ai fait d'une pierre deux coups en téléphonant à mes parents.

3. Il coupe souvent les cheveux en quatre quand il travaille.

4. J'étais à deux doigts de perdre tout mon argent.

5. Elle nage entre deux eaux depuis trois jours.

6. Il se met toujours en quatre pour ses amis.

7. Elle a fini son travail en deux coups de cuiller à pot.

8. Ce matin, je suis tombé les quatre fers en l'air.

9. Ce mois-ci, je ne peux pas joindre les deux bouts.

10. En entendant la nouvelle, j'en suis resté comme deux ronds de flan.

11. J'ai dit ses quatre vérités à mon frère.

12. Mon collègue n'y va pas par quatre chemins.

8. (p.120-121)

1 1. voir trente-six chandelles.

2. l'ouvrier de la onzième heure.

3. tourner sa langue sept fois dans sa bouche.

4. être au septième ciel.

5. être la cinquième roue du carosse.

6. attendre cent sept ans.

7. s'en moquer comme de l'an quarante.

8. chercher midi à quatorze heures.

2 1. Après ma chute de cheval, j'ai vu trente-six chandelles.

2. Il était la cinquième roue du carosse.

3. Elle cherche souvent midi à quatorze heures.

4. On dit qu'il vaut mieux tourner sa langue sept fois dans sa bouche.

5. Mon collègue est un peu l'ouvrier de la onzième heure.

6. J'ai attendu mon ami cent sept ans devant le cinéma.

7. La gagnante du match était au septième ciel.

8. Il se moque comme de l'an quarante de son avenir.

セシル・モレル　Cécile Morel

　フランス Grenoble 出身。パリ第七大学大学院日本語日本文学科修了（日本語・日本文学修士号取得）。甲南女子大学に留学。グルノーブル第 3 大学大学院 FLE 外国語としてのフランス語教授法学科修了（FLE 外国語としてのフランス語教授法修士号取得）。立命館大学常勤講師、桃山学院大学講師を経て、現在、京都女子大学准教授。

フランス人はこう話す！
〜 動物、身体部位、数字が生きるフランス語表現 〜

2019 年 3 月 30 日　初版発行

編者 © **セシル・モレル**

発行者　**山﨑　雅昭**

発行所　**早美出版社**
　　　　〒 162-0042 東京都新宿区早稲田町 80
　　　　TEL. 03-3203-7251
　　　　http://www.sobi-shuppansha.com/

組版　***L'ATELIER de Kawai***

乱丁本・落丁本はお取りかえいたします。